AF440338

QUELQUES OBSERVATIONS

SUR LE

MODE PROPOSÉ PAR L'ADMINISTRATION

POUR LA RÉPARTITION

DES INDEMNITÉS DE GUERRE

QUELQUES OBSERVATIONS

SUR LE

MODE PROPOSÉ PAR L'ADMINISTRATION

POUR LA RÉPARTITION

DES INDEMNITÉS DE GUERRE

Nous avons eu communication de la circulaire de M. le Ministre de l'Intérieur au sujet de la répartition locale des indemnités de guerre. Le but que se propose M. le Ministre est d'éviter toute inégalité. C'est aussi notre désir, mais comme cette instruction ne nous paraît pas pouvoir réaliser la condition recherchée, nous nous permettrons quelques observations sur cette importante question.

On aurait pu supposer que la loi du 7 avril 1873 serait appelée à réparer les inégalités auxquelles a donné lieu la répartition au prorata du total des pertes, puisque les commissions départementales de révision avaient été appelées à donner leur avis sur l'unité ou le prorata qu'il conviendrait d'appliquer à chaque catégorie, suivant son degré de sincérité ou d'authenticité : il n'en est rien, et tel objet volé dans certain département, et rangé comme tel dans la dernière catégorie, peut donner lieu à une indemnité de 30 0/0, tandis qu'ailleurs, et dans les mêmes conditions, cette indemnité pourrait descendre au-dessous de 10 0/0.

Nous avons critiqué, ailleurs, la répartition au prorata des pertes entre les départements (1) et nous avons démontré que cette proportion devait favoriser, à pertes égales, les départements les plus riches au détriment des plus pauvres, si en même temps il n'était tenu aucun compte de leur richesse relative. De même elle a pour effet de traiter également les pertes authentiques, et celles qui n'ont d'autres garanties que la déclaration plus ou moins exacte des réclamants, et de transgresser vis-à-vis de la masse, les régles d'égalité qu'on veut observer dans les détails, ce qui constitue une prime aux réclamations exagérées.

Nous ne nous occuperons donc ici que de ce qui regarde le partage entre les communes et les particuliers.

Le département de Meurthe-et-Moselle figure dans la répartition générale, seulement pour une somme de 8,744,600 francs, sur laquelle il a été déjà distribué 4,868,900 fr. Il ne reste donc aujourd'hui à répartir que 3,875,700 fr. : un million ou 1/5 environ en moins que la première fois. Il sera difficile, avec cette somme, de donner satisfaction aux nombreuses réclamations que les inéga-

---

(1) Voir la Notice sur les dommages causés par l'invasion.

lités observées dans la première répartition ont fait naître, on ne peut que les amoindrir.

Dans son rapport joint au décret de répartition, M. le Ministre dit : « Qu'il a remarqué à côté de réclamants qui, » bien que dignes d'intérêt, sont restés étrangers à la » première répartition, il se trouvait des personnes qui » avaient reçu des indemnités supérieures au chiffre de » leur réclamation, quelque exagéré qu'il pût être. » Rien de pareil, que nous sachions, ne s'est passé dans notre département, quoiqu'on y rencontre de graves erreurs. On trouve dans un grand nombre de communes des inégalités choquantes qui tiennent à bien des causes indépendantes de la volonté de la commission départementale. Les catégories n'étaient pas assez nombreuses, leurs limites étaient arbitraires, les commissions locales ne se sont pas toutes inspirées du même principe dans le classement, enfin les petites cotes ont été l'objet d'un privilége de remboursement presque total, sans qu'on se soit trop inquiété de la situation relative des réclamants.

Si les indemnités allouées aux habitants d'une même commune constatent des inégalités sérieuses, ce sera bien plus grave encore si l'on étend la comparaison aux indemnitaires appartenant à des communes différentes. Nous pourrions citer tel fermier *très-nécessiteux* qui ayant une perte admise (tableau C) de 3,700 fr. a reçu 720 fr.! tandis qu'un fermier voisin, dans une bonne position, a obtenu 1,040 fr. sur une perte de 1,520 fr. Dans certaines communes des indemnitaires rangés dans la 2e catégorie, et qui ne sont rien moins que nécessiteux, ont reçu environ 30 0/0 (100 fr. sur 320), tandis que d'autres, placés dans la catégorie des nécessiteux, n'ont obtenu que 8 0/0 (120 fr.

sur 1,500). La part de la commune comme association, au lieu d'être le résultat de l'addition des allocations individuelles, a été faite arbitrairement, non suivant les sacrifices faits à l'occasion de la guerre, mais souvent suivant la situation financière de la commune ou l'apparence de son crédit, de sorte que dans la répartition individuelle l'habitant riche d'une commune réputée pauvre a reçu une indemnité très-forte, tandis que l'habitant pauvre d'une commune riche n'a pu obtenir qu'un très-faible secours. Il y a eu des communes tellement bien traitées sous ce rapport, que si on leur appliquait les instructions de M. le Ministre, non seulement il ne leur reviendrait plus rien, mais elles redevraient, et les habitants qui n'ont reçu aucun dédommagement ne recevraient rien. Cela tient à ce que la Commission départementale a dû souvent s'en rapporter aux propositions des Commissions cantonales : aussi à ce que les Commissions locales, ne sachant pas d'abord les sommes qui seraient mises à leur disposition, espéraient obtenir plus en demandant beaucoup, et que leur travail, qui eût été le plus utile si elles avaient su les limites dans lesquelles elles pouvaient se mouvoir, est resté stérile.

Comment veut-on rectifier ces erreurs ? Reprendre à ceux qui ont reçu au-delà de leur part proportionnelle ? Mais ce serait leur créer une situation plus gênante que si on eût rejeté leur demande dans le principe, et les propriétaires qui n'ont rien reçu, mais qui appartiennent à une commune dont l'indemnité sur la première allocation dépasse l'application du prorata à ses pertes totales, ne peuvent pas être victimes de l'excessive ampleur de la première répartition.

Beaucoup d'hommes sont ainsi faits, qu'ils considèrent toujours leur position comme étant plus digne d'intérêt que celle de leur voisin. Le cultivateur qui a perdu du bétail, celui qui a perdu des denrées, le convoyeur qui a été exposé aux brutalités de l'ennemi, celui qui a payé un conducteur pour le remplacer, celui qui a dû nourrir un nombreux personnel exigeant, tous se croient un titre supérieur et sont prêts à se dire les plus éprouvés.

La loi n'a rien à voir dans ces situations particulières, elle ne doit s'occuper que des pertes matérielles et ne saurait établir de préférence sur de pareilles bases. Chaque nature de perte ne peut former une catégorie, et, si on n'avait pas à redouter les exagérations que peut suggérer l'indignation de se voir enlever de vive force ses denrées et qu'on fût certain de la sincérité de toutes les réclamations, toutes les créances seraient d'égale valeur. Elles pourraient être rangées, selon nous, en deux classes : l'une justifiée, authentique ; l'autre ne reposant que sur la déclaration des intéressés et n'ayant pas, par conséquent, tout le caractère de certitude de la première ; celle-ci doit donc avoir une valeur plus grande que l'autre. Nous aurions admis une réduction sur la dernière, qui la lavât de cette tache de doute et qui la mît sur le même rang que la première, afin qu'il n'y eût plus qu'une espèce de créance, ce qui eût simplifié le travail, fixé chaque particulier sur le montant légal de son titre ou de ses pertes et eût permis à chacun de se rendre compte de la régularité des opérations de remboursement. M. le Ministre préfère conserver les catégories, nous n'avons pas à insister ; ce n'est qu'une complication de travail et un obstacle de plus.

Lors de la première répartition on avait, à tort selon nous, retranché la catégorie concernant le logement et la nourriture des troupes, tandis qu'on avait admis complètement celle qui avait trait aux vols, pillages,, etc. Aujourd'hui, l'instruction ministérielle lui accorde une faveur sur cette dernière. Cette distinction ne nous paraît pas bien justifiée.

Dans les premiers temps de l'invasion, les troupes ne demandaient pas de billets de logement ; elles se massaient dans certaines maisons, suivant le contenant ; elles avaient quelquefois leurs vivres ou bien les communes les fournissaient, ce qui n'empêchait pas les soldats de réclamer la nourriture du propriétaire quand ils la trouvaient meilleure.

M. le Ministre dit : « Celui qui a nourri deux chevaux » pendant cinq mois, a été plus éprouvé que celui qui, » s'étant vu enlever ses fourrages, ne pourrait préciser » exactement la quantité disparue. » Il ne nous paraît guère plus facile de vérifier la réclamation de celui qui a logé et nourri que celle de celui qui dit avoir fourni du fourrage. Nous n'avons vu aucun inconvénient à réunir ces deux catégories et à les traiter de la même façon. Ce n'est, d'ailleurs, comme pour la division en catégories, qu'une question d'appréciation personnelle sur laquelle les avis peuvent être partagés.

Afin de rendre l'indemnité plus efficace, nous aurions désiré la voir répartir sur une moins forte somme, en déduisant la portion que chacun doit supporter en raison des quatre contributions directes. Il n'y a qu'un cas où l'on doive rembourser à celui qui n'a perdu que sa part : c'est celui où l'État compléterait l'indemnité, autrement

on est en désaccord avec le principe du soulagement qui
veut que la charge soit répartie sur chacun en raison de
l'ampleur de ses épaules. La loi, heureusement, n'impose
pas, paraît-il, la même règle aux Conseils généraux pour
la répartition locale que celle qui a été suivie pour les
départements, puisque M. le Ministre, tout en voulant
l'appliquer au canton et à la commune, la repousse vis-
à-vis des particuliers. La perte totale de la France étant
de 657 millions et le principal des quatre contributions
directes de 308 millions, la portion à la charge de notre
département serait de 7,937,000 fr.; la répartition se ferait
seulement sur 20,912,104 fr.

En partageant au prorata les pertes, sans tenir compte
des facultés de l'indemnitaire, on arrive à désintéresser
presque entièrement les personnes qui ont le moins perdu
sans diminuer sensiblement la perte de celles qui ont été
le plus éprouvées.

Si deux cantons, dans une même situation de fortune,
ont perdu, l'un 500,000 fr., l'autre 2,500,000 fr., le premier n'a d'abord qu'une perte facile à supporter, tandis
que l'autre est écrasé; s'il y a un million à répartir au
prorata des pertes, le premier ne recevra, à la vérité, que
166,600 fr., tandis que l'autre en obtiendra 883,400 fr.;
mais le premier restera avec une perte seulement de
333,400 fr. et l'autre aura encore 1,666,600 fr. Si, au
contraire, nous retranchons d'abord 300,000 fr. à chacun
pour sa part proportionnelle dans les pertes, établie
d'après les quatre contributions directes, le million d'indemnité sera réparti sur 2,400,000 fr. au lieu de l'être
sur 3,000,000 fr. Celui qui n'aura réellement qu'un excédant de perte de 200,000 fr. ne recevra que 83,400 fr., et

l'autre qui aura encore 2,200,000 fr. touchera 917,600 fr.
La perte effective du premier sera réduite à 116,600 fr. et
celle du second sera encore de 1,182,400 fr.

Qu'on adopte pour notre canton l'un ou l'autre système, il n'y a pas une grande différence. En tenant compte
de la portion de charge qu'il doit supporter proportionnel-
lement, il devrait lui être attribué dans la seconde répartition 110,210 fr., tandis que la répartition au prorata des
pertes ne lui permet de disposer que de 109,960 fr. Cette
différence est insignifiante.

Mais il n'est pas de même du canton de Toul (nord),
dans lequel se trouve comprise la ville tout entière. Il y
a, pour ce canton une différence de 230,000 fr. supportée
presque entièrement par la ville.

Par la distribution au prorata des pertes, on a, en effet,
la proportion suivante : Perte totale du département,
28,737,124 fr. ; indemnité totale, 8,744,600 fr. : : perte
totale du canton, 3,425,654 fr. : X = indemnité 1,042,800
francs.

En déduisant les pertes proportionnelles d'après le montant des quatre contributions directes, le département de
Meurthe-et-Moselle doit prendre à sa charge 7,937,000 fr.;
le canton nord de Toul (ville comprise) 381,210 fr., reste
à compter comme excès de pertes pour le département,
20,912,104 fr., et pour le canton de Toul (ville comprise),
3,044,444 fr. On a donc 20,912,104 fr. : 3,744,600 fr.
: : 3,044,444 fr. : X = 1,273,000 fr. Différence : 230,000
francs.

Nous devons dire que nous ne voyons d'ailleurs, quelque proportion et quelque mode de répartition que l'on
adopte, aucune nécessité de la faire par canton. La loi ne

la prescrit pas et si elle avait pour effet de modifier les indemnités particulières elle pourrait donner lieu à des embarras et à de justes réclamations. La loi dit en effet : « Les sommes attribuées aux départements conformément » aux dispositions du présent article seront réparties entre » les intéressés, à savoir : le département, *la commune* » *ou les particuliers*, par une décision du Conseil général. » C'est donc contrairement à la loi que M. le Ministre prescrit la répartition entre les cantons. Il est vrai qu'en leur appliquant le même prorata qu'aux communes cela ne donne lieu à aucune inégalité, mais comme il est probable que la répartition ne sera pas faite dans ses détails au prorata des pertes, il serait fâcheux qu'elle fût adoptée même pour le canton.

Qu'on répartisse par canton, par commune ou par individu, on ne peut, à notre avis, faire une opération équitable, si on ne tient pas compte de la situation relative des victimes, non suivant une appréciation arbitraire, mais d'après le résultat mathématique de l'application de l'impôt. S'il se rencontre des exceptions, la réserve réparera les erreurs auxquelles cette application pourrait donner lieu.

Après avoir engagé les commissions à établir les indemnités au prorata des pertes pour chaque canton et pour chaque commune, M. le ministre ajoute : « Quant aux par- » ticuliers, vous veillerez à ce qu'il soit adopté un prorata » variable suivant le degré d'importance des dommages, » ces termes sembleraient indiquer l'intention d'établir une progression suivant le montant de la perte. Mais il ne s'agit que de la distinction à faire entre les pertes justifiées (col. 10), les logements et nourriture (col. 14), et les vols, pillages, etc. (col. 18). M. le Ministre propose de répartir la somme en trois parts : la 1re des 3/6 pour les pertes de la colonne 10, les 2/6 pour la colonne 14, et 1/6 pour la colonne 18; « ainsi s'il revenait 8,000 fr. à une » commune dont les pertes s'élèvent à 2,500 fr., la com- » mission pourra attribuer 2,500 fr. à la commune et » 5,500 fr. aux particuliers, elle réserverait 2,750 fr. aux » réquisitions justifiées (col. 10), 1,825 fr. à la nourriture » des troupes (col. 14), et 925 fr. aux réquisitions non » justifiées (col. 18). »

Il faudrait pour que les indications de M. le Ministre fussent applicables, que le montant des trois catégories de pertes fût partout exactement le même, car en suivant ce système on arriverait à des résultats tout contraires au but que M. le Ministre lui-même désire atteindre, et qui consiste à ne laisser subsister aucune inégalité, autrement le même objet, dans les mêmes conditions, pourrait être complètement payé dans une commune, tandis qu'il devrait être réduit à moins de 10 0/0 dans la commune voisine. Exemple : la commune de X a une perte totale de 66,000 fr. lui donnant droit à une indemnité de 20,000 fr. La commune a payé personnellement 3,000 fr. qu'on lui rembourse, ce que nous discuterons tout-à-l'heure, il reste donc : perte des particuliers, 63,000 fr.; allocation, 17,000 fr.

Ces 63,000 fr. sont ainsi subdivisés :

Col. 10, 5,000^f devant recevoir les 3/6 de 17,000^f soit 8,500^f
Col. 14, 20,000^f devant recevoir les 2/6 de   —   soit 5,667^f, 28 0/0 des p.
Col. 18, 40,000^f devant recevoir le 1/6 de   —   soit 2,833^f, 7 0/0 des p.

                                                                17,000^f

Mais la colonne 10 obtenant 3 fois le montant de sa perte, devra après avoir été intégralement couverte rejeter l'excédant sur les autres colonnes, et chacun dans cette commune recevrait plus qu'ailleurs ou la commune bénéficierait de 5 ou 6,000 fr. qui n'auraient pas d'emploi : ce qui est impossible.

Renversons la proposition, et prenons une autre commune qui a pour perte totale 22,000 fr., donnant droit à une indemnité de 6,700 francs. La commune y prendra 2,000 fr., il restera à répartir 4,700 fr. sur une perte de 20,000 fr. ainsi divisée :

Col. 10, 17,000ᶠ devant recevoir 3/6 de 4,700ᶠ soit 2,350ᶠ, 15 0/0 des pertes
Col. 14, 4,000ᶠ Id. 2/6 Id. soit 1,567ᶠ, 39 0/0 Id.
Col. 18, 1,000ᶠ Id. 1/6 Id. soit 763ᶠ, 78 0/0 Id.

Voilà donc la 3ᵉ catégorie qui recevra plus que la 2ᵉ, et la 2ᵉ plus que la première. On arrive ainsi à ce résultat qu'une commune qui aurait toutes ses pertes dans la colonne 18 (vols et pillages), obtiendra sa part sur la masse ou 30 0/0. C'est-à-dire autant que celle qui les aurait entièrement dans la 1ʳᵉ catégorie (col. 10).

On peut juger par ces deux exemples les inégalités que produit la répartition au prorata des pertes entre les départements.

Il est évident que pour rendre cette division et les proportions qu'elle indique praticables, il aurait fallu que toutes les répartitions départementales, cantonales et communales, fussent établies d'après le même principe. C'est la même unité proportionnelle qu'il faut appliquer partout à la même catégorie au canton comme à la commune, comme aux particuliers, autrement il y aura toujours avantage pour les pertes non justifiées.

En France on aime l'égalité, et surtout la proportionnalité, et leur inobservation n'est peut-être pas une des moindres causes du malaise dont la société est tourmentée. Nous ne voudrions pas poser des bases ou des coefficients, à appliquer aux diverses catégories, parce que la Commission départementale a tous les éléments, toutes les lumières, toute l'indépendance et toute la loyauté qui doivent assurer une bonne justice, mais nous croyons que M. le Ministre établit une trop grande différence entre la première et la dernière catégorie (de 1/6 à 3/6), car comme membre de la Commission de révision, nous avons pu remarquer, que bon nombre de pertes très-sérieuses se trouvaient comprises dans la dernière catégorie. D'un autre côté, beaucoup de commissions locales et cantonales ont consciencieusement supprimé les réclamations mal fondées, et réduit celles qui leur paraissaient exagérées, et elles ont cru en agissant ainsi les rapprocher de la valeur des autres, s'il en est qui n'ont pas rempli ce devoir, c'est le petit nombre.

D'un autre côté on n'a eu aucun égard dans la 1re répartition aux justifications, et beaucoup avaient leurs pertes dans cette dernière catégorie, qui ont reçu 20 ou 30 0/0, même plus. L'encouragement à l'exagération résulterait plutôt d'une réducfion trop forte, que d'une simple marque naturelle d'infériorité légale, c'est pourquoi nous avions pensé à réunir les deux dernières colonnes, et en les réduisant d'une forte proportion, résultant de la présomption d'exagération, les purger de leur tache originelle pour leur attribuer ensuite le même prorata.

Nous différons encore de manière de voir avec M. le Ministre en ce qui concerne les sacrifices faits par les communes, qu'il veut faire indemniser par privilége au détriment des particuliers. C'est le contraire qui se pratique généralement. M. le Ministre dit : « Au-dessus » même de ces divers dommages, les sympathies des Com- » missions départementales tiendront à placer, sans doute, » ceux qu'ont éprouvé journellement les communes. Les » sacrifices qu'il a fallu s'imposer paralysent le fonction- » nement des services municipaux et nécessitent trop sou- » vent des impositions extraordinaires, ou des emprunts » très-onéreux : or, vous le savez, M. le Préfet, mon ad- » ministration a résolu de retarder toute imposition nou- » velle jusqu'au moment où les municipalités connaîtraient » leur part respective dans l'indemnité de guerre.

» Vous signalerez ces situations intéressantes et vous » répondrez à ses propres sentiments en lui proposant (à » la Commission) d'accorder aux communes les plus éprou- » vées un secours qui, ajouté au premier, couvrira sinon » la totalité du moins la plus grande partie de leur dette.

» Si la Commission en juge ainsi, le *surplus* de *l'alloca-* » *tion* sera appliqué aux réclamations particulières. »

Il ne s'agit pas ici, comme on le voit, de faire une part hors ligne à la commune ni de priver les autres communes d'une partie de ce qui leur est dû pour en aider une autre, puisque d'après les instructions la part afférente à chaque commune doit être établie d'abord au prorata de ses pertes, mais il s'agit de réduire à son profit celle de ses propres habitants, afin de couvrir ou de lui épargner un emprunt ou une imposition extraordinaire. Cela peut paraître spé- cieux, mais ce n'est certainement pas équitable.

En admettant la responsabilité communale dans la guerre, ce que nous contestons, elle devrait s'appliquer à toute l'association, c'est-à-dire à tous les habitants; pour épargner une imposition proportionnelle qui atteindrait tout le monde ou frapperait seulement les victimes de la guerre, et dans une proportion d'autant plus forte que leurs pertes seraient mieux justifiées, cela nous paraît être une atteinte grave au principe du respect de la propriété.

Le sacrifice qu'on veut imposer aux particuliers ne serait pas fait au profit de la commune, mais bien au profit de ceux qui n'ont rien perdu; si la commune a payé, c'est pour tous et il ne peut être admis que les victimes particulières doivent encore remplir sa caisse.

Ainsi, voilà une commune qui a emprunté pour payer les impôts et contributions de guerre, non-seulement pour ses habitants, mais encore pour les propriétaires forains, on ne peut décemment lui donner en remboursement une partie de la créance des victimes. C'est pour tous qu'elle a agi et on ne peut faire peser sur quelques-uns seulement et surtout sur ceux qui accusent comme elle des pertes, le remboursement de sa créance; ce serait le contraire qui serait juste.

Une commune qui a droit à 8,000 fr. sur la seconde allocation présente une perte de 50,000 fr. environ; si la commune a pour elle 2,500 francs, il restera à partager 5,500 fr. sur 47,500 fr. Cette dernière somme est répartie, dans les trois catégories, sur vingt personnes qui perdent le quart de leurs créances et qui remboursent par le fait ce que la commune a payé pour tout le monde. La loi n'a jamais voulu une pareille injustice.

La commune, aussi bien que le particulier qui ne possèdent rien, ne doivent rien perdre. Les communes qui possèdent, comme les particuliers riches, doivent en raison de leur fortune. Notre système de répartition, en retranchant à chacun, commune ou particulier, avant partage, la part qu'ils doivent supporter, satisfait donc mieux l'équité : hors de là, on tombe dans l'arbitraire.

Nous n'avons plus qu'un mot à dire sur le mode de liquidation. On sait que les indemnités seront payées en bons, remboursables en vingt-six ans. M. le Ministre recommande d'éviter les fractionnements insignifiants en n'admettant pas de titre inférieur à 25 fr. et multiple de 25 fr., c'est-à-dire, si nous comprenons bien, que lorsque la perte de l'indemnitaire donnera droit à une somme de 20 fr., il ne sera rien alloué ou bien on donnera 25 fr. au détriment d'autres indemnitaires.

Cette différence peut ne paraître rien pour les grandes fortunes, ni pour les indemnités un peu importantes ; mais pour les petites, c'est quelque chose qui sera sensible dans la pratique. Ce système semble exclure les petites cotes.

Pierre a une perte de 100 fr. dans la dernière catégorie ; si on ne donne que 15 0/0, il n'aura droit qu'à 16,66 ; il recevra donc un bon de 25 fr. ou n'aura rien. Son voisin, qui aura une perte de 200 fr., ne peut recevoir non plus que 25 fr. et pourtant ce sont ces petites pertes qui sont les plus sensibles quand elles sont hors de proportion avec la situation du réclamant.

N'eût-il pas été plus commode et plus juste de dresser l'état exact des sommes à rembourser et d'en faire un seul bon par commune, et ne devrait-on pas le faire au moins pour les pertes qui ne peuvent donner lieu à une coupure de 25 fr., au lieu d'en faire bénéficier les grosses réclamations. Pourquoi ne ferait-on pas des bons collectifs que les petits indemnitaires pourraient négocier ? Ces bons seraient provisoirement déposés dans les caisses municipales au nom des ayants-droit, et comme ils auraient de suite une valeur cotée, la vente de ces bons mettrait les intéressés à même de répartir leur créance.

Nous ne parlerons pas de la réserve de 11 millions, qui doit servir à réparer les erreurs ou les omissions. Quelque soit le mode de répartition, cette réserve a un placement, car on ne peut espérer arriver à la perfection. D'ailleurs l'Administration est saisie d'une réclamation des députés représentant les départements intéressés. Nous dirons seulement que la question relative aux détériorations des chemins de fer doit être réglée directement par l'Etat, et en dehors de l'allocation accordée aux départements, attendu qu'il a été recommandé aux commissions de ne pas s'occuper des chemins de fer, et de ne pas les comprendre dans leur travail, et que c'est au vu des états qu'elles ont dressé que les 120 millions ont été accordés aux départements. Cette somme doit rester exclusivement affectée aux dommages reconnus par les Commissions départementales de révision.

En résumé, maintenant le principe de la solidarité nationale tel que nous l'avons posé dans notre dernière notice, nous pensons que les avantages doivent êtreprop ᴊotionnels comme les charges et que les indemnités ne doivent être réparties que déduction faite de la portion de charges que chacun doit prendre dans la masse, en proportion de sa fortune.

La répartition ne peut être faite ni par canton ni par

commune au prorata des pertes sans nuire à l'égalité qu'on recherche. Si on avait appliqué à tous les départements dans le partage des sommes votées, les proportions recommandées par M. le Ministre, elles seraient d'environ 60 0/0 pour la 1re catégorie, de 40 0/0 pour la 2e et de 20 0/0 pour la 3e. Le département de Meurthe-et-Moselle eût reçu :

$$
\begin{aligned}
1^{re} \text{ catégorie } 11{,}000{,}000^f \times 0^f\ 60^c &= 6{,}600{,}000^f \\
2^e \quad — \quad 5{,}000{,}000^f \times 0^f\ 40^c &= 2{,}000{,}000^f \\
3^e \quad — \quad 12{,}750{,}000^f \times 0^f\ 20^c &= 2{,}550{,}000^f \\
\hline
&\quad 11{,}150{,}000^f
\end{aligned}
$$

au lieu de 8,744,600^f

Et les communes du canton de Toul sud (moins la ville) :

$$
\begin{aligned}
1^{re} \text{ catégorie } 228{,}000^f \times 0^f\ 60^c &= 136{,}800^f \\
2^e \quad — \quad 138{,}000^f \times 0^f\ 40^c &= 55{,}200^f \\
3^e \quad — \quad 258{,}000^f \times 0^f\ 20^c &= 51{,}600^f \\
\hline
&\quad 243{,}600^f
\end{aligned}
$$

au lieu de 190,000^f

Quelque soit le prorata adopté pour chaque catégorie, il doit servir à déterminer l'indemnité totale, et non celle-ci à déterminer un prorata particulier à chaque commune.

Il ne s'agit plus comme pour la 1re répartition d'un secours immédiat, mais d'un dédommagement, d'une réparation de dommage, qui doit être proportionnelle. Dans la première distribution, notre canton n'a reçu que 12,8 0/0 quand d'autres ont reçu jusqu'à 25 0/0, cette nouvelle répartition est appelée à rétablir l'harmonie et l'égalité.

T. PETITBIEN,

Membre du Conseil général de Meurthe-et-Moselle.

Nancy, imprimerie Nancéienne, faub. Stanislas, 3.